LA
LETTRE DE CHANGE

PARIS.—IMPRIMÉ CHEZ BONAVENTURE ET DUCESSOIS,
55, QUAI DES GRANDS-AUGUSTINS.

LA
LETTRE DE CHANGE

SON ORIGINE.—DOCUMENTS HISTORIQUES

PAR JULES THIEURY

A PARIS

CHEZ AUGUSTE AUBRY,

L'UN DES LIBRAIRES DE LA SOCIÉTÉ DES BIBLIOPHILES FRANÇOIS

RUE DAUPHINE, N. 16

M.D.CCCLXII

A SON ALTESSE ROYALE

MONSEIGNEUR LE PRINCE

GUILLAUME-CHARLES-FREDERIC

DES PAYS-BAS.

MONSEIGNEUR,

La question historique de ce petit ouvrage autorise la liberté que je prends d'en offrir l'hommage à Votre Altesse ; cet argument serait peu valable si votre amour éclairé des lettres et des sciences était moins connu : c'est pourquoi j'ose espérer, Monseigneur, que Votre Altesse voudra bien me permettre de placer mon livre sous sa puissante protection.

Je suis avec le plus profond respect,

MONSEIGNEUR,

de Votre Altesse,

Le très-humble et très-obéissant serviteur.

Jules THIEURY.

Paris, 1862.

1.

PREMIERE PARTIE

ORIGINE

DE LA

LETTRE DE CHANGE

* * *

A lettre de change était-elle connue dans l'antiquité? Depuis Heineccius[1], tous les archéologues résolvent négativement cette question. Il existait

---

[1] Heineccius (Jo. Gottl.). — *De Vitiis negot. collyb. vel camb.*, c. I, exercit. XI, § 16.

toutefois, chez les Romains du siècle d'Auguste, un petit mode de change, peu répandu peut-être, mode auquel Cicéron semble faire allusion dans une lettre à Atticus, lorsqu'il dit : « De Cicerone, tempus esse jam videtur : sed quæro, quod illi opus erit Athenis , permutarine possit, an ipsi ferendum sit; de totaque re, quemadmodum et quando placeat, velim consideres[1]. » En écrivant ces mots, le grand orateur se préoccupait des moyens de faire passer à son fils, qu'il voulait envoyer étudier à Athènes, la pension dont celui-ci aurait besoin. Ce passage de Cicéron détruit entièrement l'assertion de Dupont de Nemours, qui assure que les anciennes villes commerçantes, Tyr, Carthage , Athènes , Corinthe , Syracuse ,

---

[2] « Voici, je crois, pour Cicéron, le moment venu ; mais une fois à Athènes. les fonds dont il aura besoin pourront-ils lui être comptés par la voie du change, ou sera-t-on obligé de lui envoyer des espèces? Examinez tout, je vous en prie, et surtout le comment et le quand. » *Ad Atticum*, XII, 24.

Alexandrie, ont pratiqué l'usage de la lettre de change.

Puisqu'au siècle d'Auguste les Romains ne connaissaient pas la lettre de change, les autres nations devaient aussi en ignorer l'usage : le peuple conquérant n'eût certainement pas omis de prendre pour son commerce ce mode facile et puissant de transaction.

Dans la basse latinité, on appelait les lettres de change *literæ cambiales*, *cambiatoriæ*, que Brencmannus [1] prétend venir du verbe latin *cambiare*, tiré lui-même du verbe grec χάμπτειν. —On définit la lettre de change *une lettre revêtue des formes prescrites par la loi, par laquelle une personne mande à son correspondant dans un autre lieu d'y compter à un tiers, ou à son ordre, une certaine somme d'argent en échange d'une autre somme, ou d'une valeur qu'elle a reçue de ce tiers dans l'endroit d'où la lettre est tirée, ou réellement, ou en compte.* — Pour la plus grande intelligence de notre sujet, nous

---

[1] *Dissert. I, de Rep. Amalphitana*, p. 19.

croyons devoir donner ici la forme de la lettre de change telle qu'elle est prescrite dans le Code du commerce, § 110.

La lettre de change est tirée d'un lieu sur un autre.

Elle est datée.

Elle énonce :

La somme à payer ;

Le nom de celui qui doit payer ;

L'époque et le lieu où le payement doit s'effectuer ;

La valeur fournie en espèces, en marchandises, en compte, ou de toute autre manière.

Elle est à l'ordre d'un tiers ou à l'ordre du tireur lui-même.

Si elle est par première, deuxième, troisième, quatrième, etc., elle l'exprime.

Avant de rechercher les causes et les inventeurs de la lettre de change, il nous faut savoir à quelle date l'histoire en fait mention pour la première fois. Ce n'est que sur un terrain solide que l'on peut échafauder l'édifice des hypothèses heureuses. « Donnez-moi un point d'appui, disait Archimède , et je soulèverai le monde. » Le point d'appui d'une question historique est la mention la plus ancienne de l'objet de la question. C'est sur cette première mention que se bâtit la dissertation préliminaire relative à l'origine du fait historique.

M. Louis Nouguier, dans son savant ouvrage sur les lettres de change et les effets de commerce, donne ainsi une première mention de la lettre de change : « Il existait, depuis 1272, une loi de Venise, citée par NICOLAÏ DE PASSERIBUS, en son traité *De scriptura privata*, cap. *De litteris cambii*. Le même auteur signale en outre *Statutum Avenionense*, qui est de 1243, et qui contient un chapitre intitulé : *De litteris cambii* [1]. » Or il fallait qu'on eût fait usage de la lettre de change bien avant le XIIIe siècle, puisque nous voyons même dans sa première

---

[1] Page 41, t. I.— *Des lettres de change et des effets de commerce*, par Louis Nouguier, avocat à la cour d'appel de Paris, 2e édition. Paris, A. Durand, 1851. 2 vo.. in-8°.

moitié des lois qui en sont l'objet : une loi est la conséquence d'un abus qui ne surgit jamais à l'origine de sa cause.

Maintenant, sans perdre de vue notre précieuse date-jalon (1243), nous commencerons notre dissertation.

Tradition universelle.—La lettre de change a été inventée par les juifs.

Autre tradition.—Invention de la lettre de change, sous le nom de *polizza di cambio*, par les Gibelins chassés de Florence par les Guelfes.

Cette dernière tradition ne peut nous arrêter, elle est trop facile à réduire à néant : c'est en 1381 qu'eut lieu l'expulsion des Gibelins, et nous avons vu plus haut que déjà dès la première moitié du xiiie siècle il existait des lois sur la lettre de change. Voilà donc l'opinion de Claude de Rubis [1], de Dupuis de la Serra et de tant d'autres réfutée.

Maintenant, que dit la commune tradition?

---

[1] *Hist. de la ville de Lyon,* p. 289.

Que les juifs, chassés de France par Philippe
Auguste en 1181, et par Philippe le Long en
1316 (cette dernière expulsion ne peut nous
occuper pour les mêmes raisons détaillées
plus haut), se réfugièrent en Lombardie;
qu'ils remirent à des voyageurs et à des pèlerins des lettres *en style concis* pour retirer
leur argent déposé entre les mains de leurs
amis ou de leurs mandataires.

Nous voulons élucider à fond cette question de l'origine et de l'invention de la lettre
de change; notre conscience d'historien est
là pour nous guider, et nous obéirons à ses
moindres scrupules. Nous avons longtemps
étudié la question et nous nous sommes
formé une opinion que nous sommes prêt à
défendre, mais aussi à abandonner devant
des preuves consciencieuses et irrécusables.
Nous voulons pouvoir appliquer à l'auteur de
ce petit opuscule ces mots de Victor Hugo :
« Les Guèbres ne s'agenouillaient que devant
le soleil; lui, il ne s'agenouille que devant la
vérité. »

Nous présenterons d'abord un fort judicieux plaidoyer de M. Nouguier en faveur des juifs. Toutes les objections nous ont paru convaincantes, et nous nous empressons d'extraire cette élucidation que nous aurions été loin de présenter et si claire et si victorieuse.

« Reste maintenant à justifier que toutes les probabilités se réunissent en faveur des juifs.

« Je dis d'abord que la position des juifs, lors de la création de la lettre de change, m'est une présomption que l'intention leur est due. Pour bien comprendre cette position, il faut se reporter à une époque antérieure à l'époque présumée de son apparition, avant le XIIe siècle.

« Dans ces temps de féodalité, la France ne reposait pas sur les éléments actuels. Sans faire ici un cours de l'histoire du moyen âge, disons-le rapidement, il fallait un grand courage et d'impérieuses nécessités pour se livrer au fait de la marchandise. Le commerce n'était point, comme aujourd'hui, une noble profession, qui honore celui qui l'exerce avec intelligence et probité. C'était un métier abject, imposé aux gens les plus méprisés du royaume ; un trafic honteux, assimilé aux maladies les plus ignobles, aux passions les plus dégradantes. C'est une chose curieuse pour nous que de lire nos vieux auteurs. Les marchands n'étaient point protégés par la loi, mais pressurés, pillés et souvent mutilés. Il n'y avait que des individus frappés de réprobation qui pussent en faire leur occupation : pour être marchand, il fallait être juif. Aussi le commerce, à cette époque, était-il leur lot exclusif.

« M. Pardessus imprime à ce tableau un caractère saisissant de vérité, quand il dit[1] : « Lorsque Hugues Capet reçut le sceptre dont ces faibles monarques ne pouvaient plus porter le poids, la France était partagée en presque autant de souverainetés qu'il y avait de provinces : ces souverainetés elles-mêmes

---

[1] *Introduction à la Collection des lois maritimes*, t. Ier, p. 25.

étaient subdivisées en un nombre infini de dominations. Une foule de petits tyrans, sous toutes sortes de prétextes, percevaient, dans leurs territoires, des droits qui élevaient les prix des marchandises et décourageaient le commerce. Quelques-uns ne se contentaient pas de cet abus de la souveraineté, ils abusaient aussi de la force et pillaient les marchands, que d'autres s'étaient contentés de rançonner. Le commerce intérieur dédaigné, lorsqu'il n'était pas pillé par les seigneurs, sans cesse occupés de leurs guerres intestines, devenu impossible à un peuple asservi, parce qu'il était sans espoir, sans courage, parce qu'il était sans ressource, était la proie des aventuriers et des juifs.

« Cet état de choses continua avec des alternatives jusqu'à Louis XI, qui abattit la féodalité. Après Hugues Capet, les rois Robert, Henri Ier, Philippe Ier, Louis le Gros, Louis le Pieux, laissèrent la France dans cet état d'anarchie et de division, le commerce dans cet état de misère et de dégradation.

Tous les historiens, notamment Mézeray, nous montrent les capitaux accaparés par les juifs, les seuls trafiquants du royaume. C'est alors que Philippe Auguste, pour punir leurs vexations et leurs usures, ou sous ce prétexte, les chassa de France en 1181, et c'est à ce moment que je place l'émission de la lettre de change. »

« Si l'on admet, comme je l'ai dit plus haut, que le commerce fut la cause de son origine, il est naturel de penser que les seuls commerçants de ces temps calamiteux, les juifs, furent amenés à leur donner naissance.

« C'est ici qu'il faut réfuter les objections tirées de leur position même. La première de ces objections peut se résumer ainsi : les juifs n'ont pu inventer la lettre de change, parce qu'elle exige une confiance réciproque entre celui qui doit payer (le tiré) et celui qui donne l'ordre de payer (le tireur). Cette confiance ne pouvait être accordée aux juifs, qui d'ailleurs, à raison de la haine accumulée sur eux, n'auraient pu trouver de porteurs pour leurs lettres.

« Sans doute, si la lettre de change avait eu dans l'origine la perfection qu'elle a acquise aujourd'hui [1], si l'opération qu'elle consom-

---

[1] Certainement les juifs se servirent longtemps, à cette époque, pour leurs transactions, de moyens sûrs et faciles. Les lettres de change ne devaient être primitivement que des mots d'ordre ou des signes convenus. Ainsi, par exemple, il y a plus d'une soixantaine d'années, on était alors dans une époque de troubles, une maison d'Amsterdam donnait l'ordre, à un grand banquier de Londres, de payer 20,000 florins sur la présentation d'une carte déchirée, dont l'autre moitié était jointe à la lettre d'avis. Peu de jours après, le banquier vit entrer chez lui un homme qui lui présenta le susdit morceau de la carte. On le questionna, on n'en put tirer aucun renseignement ; il fallut donc lui verser, en différentes fois, plus de 4,000 guinées. A la fin, le banquier, intrigué, alla trouver le ministre Pitt, qui lui demanda s'il était parvenu à savoir le nom de l'homme à la carte. Le banquier répondit négativement. « Si vous le voyiez, dit Pitt, le reconnaîtriez-vous? — Très-bien. » Alors le ministre prit dans un tiroir plusieurs portraits, parmi lesquels le banquier reconnut son homme que l'on n'a jamais pu connaître davantage. Pitt ne dit au banquier que ces seuls mots : « Donnez-lui tout ce qu'il demande, il n'en fera pas mauvais usage. »

mait était celle qu'elle règle de nos jours, il aurait fallu une entière confiance entre les parties contractantes. Mais on perd de vue la différence des époques et le but de l'intention. Pourquoi les juifs remettaient-ils *aux voyageurs et pèlerins leurs lettres en style concis et de peu de paroles ?* Était-ce pour en recevoir l'équivalent du *premier confiant ?* Non ; un voyageur, un pèlerin n'a pas somme suffisante pour fournir la valeur d'un titre souvent considérable. Le but que les juifs se proposaient, le voici : ils avaient, en France, de l'argent déposé à des amis fidèles ; ils écrivaient de la Lombardie, leur asile, à ces amis, des lettres en style concis, dont ils chargeaient les voyageurs ou pèlerins. Dans ces lettres, ils disaient : *Payez avec les fonds que vous avez à moi, à un tel (banquier ou marchand) la somme de.... dont je déchargerai votre compte.* Et puis, lorsque la somme avait été comptée au banquier ou marchand, celui-ci faisait la même opération. De France il envoyait une lettre semblable à un ami, à un

2.

correspondant de Lombardie, qui rembour-
sait au juif l'équivalent de ce qu'on avait
payé pour lui.

« Il n'était donc pas nécessaire d'accorder
au juif la moindre confiance. Qu'on ne l'oublie
pas : le juif ne recevait qu'après payement
effectué pour lui de ses deniers, puisque le
preneur de ses lettres, depuis appelées *de
change*, était un voyageur, un pèlerin, faisant l'office d'un simple intermédiaire, d'un
facteur de poste.

« Mais, dit Dupuis de la Serra, la haine qui
les fit bannir de France n'aurait pu leur permettre de trouver ces mandataires offi-
cieux. »

« Sans nul doute, les juifs se sont vus exé-
crés ; leurs immenses trésors, leur ruineuse
usure avaient soulevé contre eux de violentes
persécutions. Mais si les persécutions engen-
drent les difficultés, elles créent aussi de vives
sympathies et donnent les moyens de sur-
monter les obstacles.

« Des partisans nombreux et d'actifs dé-

vouements étaient acquis à leur fortune.
D'ailleurs, les voyageurs ou pèlerins leur
faisaient payer cher les services rendus.
Leur complaisance était l'objet d'un trafic
profitable, qu'ils faisaient sans courir ni ris-
ques ni dangers.

« M. Pardessus ne s'arrête pas à cette première objection. Suivant lui, le motif donné
à la création de la lettre de change ne
peut être réel : 1º parce qu'il suppose aux
juifs de nombreux capitaux, provision de
lettres de change qui n'auraient pas échappé
aux griffes du pouvoir confiscateur ; 2º parce
qu'il était prohibé de sortir de France les
deniers, l'or et l'argent.

« Si tout à l'heure on méconnaissait la nature imparfaite de la lettre de change à son
apparition, maintenant on oublie les ensei-
gnements de l'histoire.

« Lorsque les juifs furent expulsés en 1181,
on ne chercha pas à confisquer leurs effets
mobiliers ; on leur en laissa, au contraire, la
libre jouissance. L'ordonnance de Philippe

Auguste est formelle sur ce point. Je lis dans M. Isambert[1] :

« N° 67. Ordonnance de Philippe Auguste, portant injonction aux juifs de sortir du royaume dans trois mois, confiscation de leurs immeubles et autorisation de vendre leurs meubles. » (Avril 1182. — Rigord, *Hist.*, 9.)

« Mezeray[2] confirme, en outre, l'analyse de cette ordonnance ; il dit : « Les ministres du roi, au contraire, intéressés sans doute par ces circoncis, qui avaient en ce temps-là le plus clair argent du royaume, les soutenaient ouvertement et s'opposaient à l'exécution du décret. Néanmoins, cette cause étant fort odieuse, il fallut qu'ils les .abandonnassent, et même le roi les chassa de ses terres et *confisqua leurs biens-fonds* (car alors ils en avaient beaucoup), *leur permettant*

------

1 *Anciennes lois françaises*, t. Ier, p. 171, n° 67.
2 *Abrégé chronologique de l'histoire de France,* t. IV, p. 149.

seulement d'emporter leur argent et leurs meu-
bles. » .

« Enfin, tous nos souvenirs historiques nous
le rappellent : pour échapper à cet édit, la
population juive s'empressa de quitter une
terre inhospitalière ; elle fuyait en nom-
breuses caravanes, *par troupeaux*, laissant
ses immeubles au fisc, et ses meubles à des
amis dévoués.

« Voilà l'histoire ; voilà qui répond à la
première partie de l'objection. La seconde
est-elle mieux fondée ? On va en juger.

« Il était prohibé de sortir de l'argent de
France ! Eh ! sans doute ; et c'est précisément
à cause de cette prohibition que les juifs, ne
pouvant faire parvenir leurs deniers de
France en Lombardie, s'industrièrent, re-
connurent l'insuffisance des moyens du commerce et imaginèrent leurs lettres en style
concis.

« Ces obstacles et ces prohibitions me
semblent donc un argument, non pas contre
eux, mais pour eux ; et je puis le dire, dans

leur position à cette époque, tout justifie mon opinion. »

« La nature du contrat de change, à cette même époque, me paraît aussi mériter quelque attention. En effet, le contrat n'était pas alors une loyale convention : il empruntait à ses auteurs et à son origine quelque chose de leurs mauvais principes. Au lieu d'être préconisé et admiré, ce contrat était mis au niveau de l'usure, et ravalé comme un moyen pratiqué par les juifs pour arracher de l'argent à tout prix. N'existe-t-il point un lien intime entre l'invention et l'inventeur ? Cette dépréciation qui pesait sur le contrat n'avait-elle pas pour cause la dépréciation morale attachée à son auteur ?

« Il est encore quelques faits que je dois signaler :

« D'abord il est certain que les premières *banques*, ou maisons de commerce de change, furent établies par les juifs. Ce n'est pas à dire qu'il résulte de cette circonstance une preuve irrésistible, mais j'y vois un indice notable; nul ne saisit mieux les avantages d'une invention, nul ne met plus d'activité à la pratiquer et à la répandre que celui qui lui donna naissance. Or, pendant longtemps, la population juive fut seule en possession du négoce des lettres de change.

« En second lieu, Amsterdam fut la ville où le négoce se développa avec rapidité. L'endroit où il s'exécutait s'appelait *Place Lombarde*. Cette désignation n'était-elle pas un hommage rendu à l'invention de la lettre de change? Ne s'appliquait-elle pas aux lieux où elle prit naissance? Un vieil axiome de droit le déclare : « Le nom désigne le pays « de la chose dénommée. » C'est en *Lombardie* que se réfugièrent les juifs; ils s'appelaient *Italiens-Lombards*. C'est de la *Lombardie* que serait partie la première lettre de change, et la place d'Amsterdam se nommait *place Lombarde*. Ces rapports seraient inexplicables, si l'on ne supposait qu'une pensée a dû les rapprocher, et, je l'avoue, mon esprit est frappé de leur coïncidence. »

Voici maintenant ce que la lecture de ce brillant plaidoyer nous a suggéré.

Disons d'abord que nous ne voyons aucun rapport entre le nom de la *place Lombarde* à Amsterdam et l'invention de la lettre de change. Beaucoup de villes commerçantes n'ont-elles pas des places ou des rues *Lombardes* ou *du Change* sans que nous pensions à les faire le *pays natal* de la lettre de change? Nous convenons que la ville d'Amsterdam fut la première à propager l'usage de ce puissant moyen de transaction, mais nous ne pouvons admettre qu'il prit naissance sur une place à laquelle les Juifs-Lombards ont donné leur nom.

Les juifs du royaume de Philippe Auguste ne se réfugièrent pas tous en Lombardie; nous avons des preuves que beaucoup allèrent à Rouen, à la cour de Henri II, duc de Normandie et roi d'Angleterre. Ils furent en sûreté dans les États anglo-normands jusqu'à la mort de ce prince. Ne peut-on pas penser que les premiers et timides essais de ces let-

tres en style concis et en peu de paroles eurent lieu dans ces pays si rapprochés? La
protection par laquelle Henri II garantissait
le commerce, dans ces temps de troubles, était
active, car ce monarque ne voulait manquer
aucune occasion de favoriser la marche de la
prospérité de ses États. C'est assurément dans
ces vues qu'il accueillit si bien les juifs, ces
grands trafiquants du moyen âge, qu'au dire
des chroniqueurs rouennais, les principaux
d'entre eux furent admis à la cour du roi, qui
se tenait à Rouen, et qu'un vaste enclos fut
accordé à leurs coreligionnaires. Nous n'avons
avancé cette hypothèse que parce qu'elle nous
paraît valable, et qu'elle pourrait peut-être
aider à l'explication d'un document qui se
rattacherait aussi à la question que nous étu-
dions.

Quant à nous, sans nous écarter de l'opinion universelle, nous pensons fermement,
jusqu'à preuve du contraire, que ce furent
les Croisés de 1147 qui se servirent les premiers, pour les besoins du voyage, par l'in-

termédiaire des juifs, de ces lettres au style concis et en peu de paroles. Pouvaient-ils, en vérité, emporter avec eux des sommes importantes ? Nous nous attendons ici à une objection fort juste de prime abord, puisqu'elle est basée sur les ordonnances royaux de cette époque : les défenseurs du tombeau du Christ, les *Nazaréens*, comme les appelaient les juifs, pouvaient-ils avoir des relations avec ceux du peuple déicide ? Certes, les Croisés ne regardaient guère à la condition du mécréant qui leur prêtait de l'argent, et, quoiqu'on en dise, ils en eussent même accepté de ceux qu'ils allaient combattre; et nous pourrions donner bien des preuves de nombreux emprunts faits à cette époque aux juifs par les nobles Croisés. Si les Croisés avaient emporté de l'argent monnayé, ce qui eût été embarrassant dans leur voyage en lointains pays, si les juifs, dans leurs prêts aux nobles, avaient donné de l'argent monnayé, comment ces chevaliers faisaient-ils pour sortir de France leur argent, puisque, selon M. Pardessus, il était prohibé de sortir de France les deniers, l'or et l'argent? Peut-être y avait-il alors quelques exceptions à l'ordonnance. Toutefois nous pensons que ce ne pouvait être que par lettres, en style concis et en peu de paroles que les croisés pouvaient satisfaire aux besoins du voyage, et alors ce n'était qu'au commerce qu'ils pouvaient avoir recours, et ce ne pouvait être qu'avec les juifs qu'ils avaient affaires d'intérêt.

DEUXIEME PARTIE

3.

DOCUMENTS

HISTORIQUES

** * **

Ce furent les Gibelins qui trouvèrent l'invention du *rechange*, en prétextant des dommages et intérêts lorsque la lettre de change (qu'ils nommaient *polizza di cambio*) n'était pas acquittée et qu'elle revenait à protêt.

*

Ce furent les Lyonnais qui, paraît-il, ont donné en France le mouvement au négoce des lettres de change à cause de leur commerce étendu, et surtout, pensons-nous, par leurs foires importantes.

*

C'est encore à l'ouvrage de M. Nouguier que nous emprunterons le premier modèle connu de la lettre de change, spécimen trouvé dans les ouvrages du jurisconsulte Baldus de Ubaldis de Pérusio.

« Al nome di Dio, amen. A di primo de februario MCCCLXXXI pagate per questa prima lettera ad usanza da voi medesimo libre 43 de grossi sono per cambio de ducati 440, che questi chi hone recevuto da Sejo el Compagni altramente le pagate. » — Cette lettre ne contenait pas le nom du preneur et n'était pas à ordre. BALDE (*Consilia*, editio Brixiensis, 1490, pars I, cons. 53) ne parle ni de la nécessité d'un protêt, ni d'aucune formalité pour assurer le recours en garantie. Il résulte seulement du passage cité que l'on connaissait déjà l'usage de l'acceptation.

*

M. Royer-Collard, professeur à la Faculté de droit de Paris, trouva, en 1847, dans les archives des notaires de Gênes, un protêt de lettre de change dont il donne copie dans la *Bibliothèque de l'École des chartes*, t. II, 3ᵉ série, p. 70.

Cet acte est extrait des minutes (en latin) du notaire *Theramo* (de Magiolo). Il est à Gênes, dans les archives des notaires, et a été transcrit textuellement dans le recueil fait pour la conservation des anciens actes notariés, 5ᵉ cahier (fogliazzo quinto), p. 171 retrò.

Nous voyons par cette copie d'un protêt de la fin du XIVᵉ siècle la teneur, à cette époque, d'une lettre de change, tirée et faite à trente jours à Seta (Ceuta, en Afrique) par Raimondo Salvador, qui en avait reçu la va-

leur de Giacomo de Varxi, sur le nommé
Antonio Lorenzi, de Majorque ; elle avait été
passée ou plutôt présentée par Antonio
Grillo.

In nomine Domini, amen. In presentia mei
infrascripti et testium infrascriptorum ad hoc
testibus vocatorum et rogatorum, Antonius Grillus, civis Janue, dixit et protestatus fuit Antonio Laurentii de Majoricis, presenti et audienti,
quod cum dictus Antonius Grillus presentaverit
dicto Antonio Laurentii die xiiii octobris
proxime preterita litteram cambii tenoris infrascripti :

Al segnor Antonio Laurentii, en Genoa, p. a.
de 576 f. e 21 sol. Janue.

$$\overset{\dagger}{\underset{R}{}}$$

En nome de Dio, Seta, die vii septembris
MCCCLXXXIIII. Segnor, per questa primera
litera pigeres a xxx jorni vista a me p. Antonio
Grillo 576 floreni de flor. e 21 soldi januari, et
sunt p. cambi de ccciii lire xv e vi barcello-
nenses che ò riceoudo da Jac. de Varxi a ra-
gione de soldi xiiii par floreno ; perche vos

prego che fazate bon compimento al tempo.
Vostro Raimondo Salvador.

Et ab ipso Antonio Laurentii dictus Antonius
Grillus requisiverit et requirit solutionem dicti
cambii, et cum Antonius Laurentii recusaverit
et recusat dicto Antonio Grillo solutionem fa-
cere de dicto cambio, idcirco dictus Antonius
Grillus dixit et protestatus fuit dicto Antonio
Laurentii, presenti et audienti, et contra dictum
Raimundum absentem de recambio cambii et
de omni damno interesse et expensis dicti An-
tonii Grilli qui habere vult et intendit. Qui
Antonius Laurentii predictus dixit et respon-
didit dicto Antonio Grillo, presenti et audienti,
quod ipse non vult nec intendit eidem dicto
Grillo aliquod dare nec solvere pro dicto cambio et de predictis.

Actum Janue, in banchis, sub domo here-
dum quondam Nicolai Cicogne, anno et indi-
ctione ut supra, die xiiii novembris paulo ante
completorium de sero, presentibus testibus
Lazaro Spinola et Ottobono de Guano, civibus
Janue.

(Ex actis Therami de Magiolo, foliotio quinto,
pag. 291. retro.)

*

La plus ancienne ordonnance où il soit
question de la lettre de change est l'édit de
Louis XI, du mois de mars 1462, portant con-
firmation des foires de Lyon.

ARTICLE VIII.

Si, par occasion, d'aucunes lettres touchant
lesdits eschanges faits esdites foires, pour payer
et rendre argent autre part, ou des lettres qui
seront faites ailleurs pour rendre argent esdites
foires de Lyon, lequel argent ne serait pas payé
selon lesdites lettres, en faisant aucune protes-
tation, ainsi qu'ont accoutumé faire marchands
fréquentans foires, tant en nostre royaume qu'ailleurs ; audict cas ceux qui seront bons payer
ledict argent, tant du principal que des dom-
mages-intérêts, pourront être et seront con-
traints à les payer, tant à cause des changes,
arrière-changes qu'autrement, ainsi qu'ont
accoutumé faire ès-foires de Pézénas, Bourges
et autres de ce royaume

*

« Le roy Charles VIII, ayant passé en Italie
(1494) avec vne forte Armée pour l'exécution de
ses desseins, il n'y peut iamais trouuer d'argent à prester, quoy qu'il y offrit d'y faire obli-
ger avec Sa Maiesté des plus grands Princes et
Seigneurs de son royaume, et Officiers de sa
Couronne. Mais les Vénitiens luy ayant seulement demandé vne lettre de change de Iacques
le Peltier, de Rouen, Marchand, traficquant
par mer, ils lui baillèrent tout ce qu'il leur demanda sur icelle. au moyen de quoy il passa
outre, prist Rome, y rendit Iustice, et conquist
l'Italie en six mois. » (P. 264. *Discours sommaire
sur la Navigation*, par Th. Lefèvre. 1650.)

*

Charles-Quint, étant à Paris, demandait,
dit un vieux chroniqueur, en quoi consis-
taient les forces du roi et du royaume. On
lui répondit que c'était en généreuse no-
blesse, vaillants hommes, grandes villes et
places fortes, grand domaine, des tailles et

impôts tels qu'il voulait. L'empereur dit qu'il lui venait autant de revenu annuel de ses flottes des Indes occidentales, et que, pour ce qui était relatif aux sujets du roi, ils pouvaient se lasser de fournir des sommes énormes.

Il lui fut reparti tout aussitôt qu'il y avait en France de riches marchands qui, par leur crédit, pouvaient faire fournir au roi François tant de millions par lettres de change qu'il voudrait, partout et même jusque dans Madrid.

L'empereur, après quelques minutes de réflexion, dit qu'il fallait avouer que le royaume de France était le plus puissant du monde, s'il savait sa force et s'il était bien gouverné.

*

La juridiction consulaire de Toulouse établie en 1549, celle de Paris établie en 1563, et les autres qui furent établies plus tard, eurent, entre autres choses, pour objet, de connaître du fait des lettres de change entre marchands.

✱

Philippe III, roi d'Espagne, se trouvait dans un grand embarras pécunier par le désordre de ses affaires qui ne contribuait pas peu à entretenir les révoltes dans ses troupes, qui ne recevaient pas leur solde, quand le marquis de Spinola, par le crédit que sa mère et lui avaient en Europe, et surtout en Italie, tira sur toutes les banques pour des millions de lettres de change. Spinola leva encore cinq régiments à ses frais pour soutenir la cause de Philippe III contre l'illustre maison d'Orange, prit Ostende en 1604 et fut fait général en chef des armées espagnoles en Flandre.

Mais les susdites lettres de change ne furent point payées, surtout celles des Français et des Italiens. Spinola se vengeait ainsi du roi de France qui n'avait pas voulu lui accorder une haute dignité qu'il sollicitait en récompense des prétendus services que ceux de sa maison avaient rendus à la France. Il arriva alors un désastre financier comme heureusement il n'en est pas arrivé souvent.

PARIS. — IMPRIMÉ CHEZ BONAVENTURE ET DUCESSOIS,
55, QUAI DES GRANDS-AUGUSTINS.